MASSIMO PESCARA

I SOGNI DELL'ANIMA

POESIE

E DINTORNI

Youcanprint *Self-Publishing*

Titolo | I sogni dell'anima

Autore | Massimo Pescara

ISBN | 978-88-93066-26-6

Youcanprint Self-Publishing

Via Roma, 73 – 73039 Tricase (LE) – Italy

www.youcanprint.it

info@youcanprint.it

Facebook: facebook.com/youcanprint.it

Twitter: twitter.com/youcanprintit

INTRODUZIONE

I SOGNI DELL'ANIMA COME TENTATIVO DI AUTOANALISI COME SCRUTARE NEL NOSTRO IO
L'ANIMA INFATTI ATTRAVERSO I SOGNI COME PRINCIPALE FONTE CHE RISPECCHIANO LE NOSTRE ASPIRAZIONI NELLA PARTE DIURNA DELLA NOSTRA GIORNATA.
ATTRAVERSO I SOGNI NOI METTIAMO A NUDO LE NOSTRE ASPIRAZIONI E LE NOSTRE PAURE,LE ANGOSCE CHE CI OPPRIMONO.
RACCONTARLE QUINDI E' UN MODO COME DEMONIZZARLE VIVENDOLE SOTTO QUESTA FORMA.RACCONTARLE PER CAPIRNE I SIGNIFICATI CHE CI VENGONO SUGGERITI.
I SOGNI QUINDI ,IN QUANTO EPISODI IRRAZIONALI RIESCONO A METTERE A NUDO LA NOSTRA REALTA' E A FARCI DIRE QUELLO CHE NELLA VITA REALE DIREMMO IN QUANTO LA RAZIONALITA' DOMINA IL NOSTRO QUOTIDIANO. DIVERSAMENTE NEI SOGNI PREVALE LA COMPONENTE MISTICA DEL NOSTRO IO IN TUTTI I NOSTRI SENTIMENTI E IN TUTTI I NOSTRI CINQUE SENSI PIU' UNO ,QUELLA SENSIBILITA' SOGGETTIVA CHE PREVALE SUL RAZIOCINIO.
SOGNI VISTI E VISITATI A 360 GRADI,NON SOLO SOGNI D'AMORE MA SOGNI DI SPERANZA DI LIBERTA' DI PACE ,IL SOGNO DI UNA VITA DIVERSA,PIU' GIUSTA E LIBERA,LE NOSTRE ASPIRAZIONI PREVALGONO E I NOSTRI DESIDERI EMERGONO.
I SOGNI DELL'ANIMA QUINDI IN QUANTO PROTAGONISTA DI NOI STESSI.
LA POESIA COME UNA DELLE PIU' ALTE FORME DI COMUNICAZIONE PRESTA LA SUA VOCE AL SUO PROTAGONISTA RENDENDO OGNI POESIA SIMILE A UNO

SCATTO FOTOGRAFICO IMMORTALANDO IL MOMENTO LA SITUAZIONE I SENTIMENTI PROPRI DI QUELL'ISTANTE COME UNA IMMAGINE DELLA PROPRIA ANIMA DOVE ESPERIENZE PERSONALI E NON SI ALTERNANO E SI FONDONO IN UN UNICA TRACCIA, QUELLA DEI SOGNI DELL'ANIMA.

OGNIUNO DI NOI E' A MODO SUO ARTISTA, PITTORE, SCULTORE, NARRATORE E POETA, MA MOLTE VOLTE NON LO SAPPIAMO E NON CI RENDIAMO CONTO DELLE ENORMI POTENZIALITA' CHE CI PORTIAMO DENTRO, SE SOLO ALZASSIMO LO SGUARDO, SE SOLO TENDESSIMO L'ORECCHIO AD ASCOLTARE NOI STESSI E IL NOSTRO CUORE.

MA FORSE A VOLTE SIAMO TROPPO OCCUPATI A FAR PARLARE DI NOI PIUTTOSTO CHE A NOI, TROPPO OCCUPATI AD APPARIRE PIUTTOSTO CHE A ESSERE E NON TROVIAMO IL TEMPO E LE MOTIVAZIONI GIUSTE PER DARE SPAZIO AI NOSTRI SENTIMENTI E ALLA NOSTRA ANIMA. CI VUOLE QUINDI UNA SORTA DI FATTORE SCATENANTE CHE FACCIA IN MODO E DIA FORZA E VOCE ALLE NOSTRE VERE ATTITUDINI SOPITE E LATENTI DA TANTISSIMO TEMPO, CHE SERVA DA STIMOLO ALLE NOSTRE PASSIONI CHE FINO A POCO TEMPO FA NON PENSAVAMO DI AVERE O NON PENSAVAMO POTESSIMO AVERE.

NASCE DAL CASO O DA ALCUNE SITUAZIONI FAVOREVOLI?

NON E' COSI', LA NOSTRA SENSIBILITA' E' SEMPRE STATA PRESENTE, NOI ABBIAMO SOLO FATTO IN MODO CHE VEDA LA LUCE.

POETI PER CASO QUINDI QUANDO DI POESIA SI TRATTA, E SI TRATTA DELLA FORMA PIU' NOBILE DI TUTTE LE FORME DI COMUNICAZIONE.

POESIA QUINDI NON DA INTENDERSI COME UNA MERA ELABORAZIONE LETTERARIA DI UN CUPO POETA CHINATO E INTENTO A SCRIVERE VERSI MALEDETTI CHE INTENDE SOLO

LUI,MA POESIA COME DIALIGO SATIRA DIVERTIMENTO PASSIONE,DENUNCIA.
UN LIBRO DI POESIE,AL CONTRARIO DI UN AVVINCENTE ROMANZO, NON SI LEGGE DI CORSA,IN TUTTA FRETTA,LA POESIA E' COME UN BUON VINO D'ANNATA,LA SI OSSERVA, LA SI ODORA LA SI DEGUSTA E LA SI CENTELLINA E LA SI SCOMPONE IN TUTTE LE SUE PARTI E LA SI INTERPRETA.
LA POESIA E' LINFA VITALE E NUTRIMENTO NATURALE PER LA NOSTRA MENTE E' VITA VISSUTA OGNI GIORNO E' LA FOTO ISTANTANEA DELLA NOSTRA ANIMA FATTA DI TANTI MOMENTI,UNO DIVERSO DALL'ALTRO .ESSERE IN GRADO DI TRASMETTERE EMOZIONI A 360 GRADI ED ESSERE IN GRADO DI EMOZIONARSI OGNI GIORNO ANCHE NELLE PICCOLE COSE.
QUESTO E' PER ME LA POESIA,IL POETA NON E' ALTRO CHE LO STRUMENTO FISICO IN DOTAZIONE ALLA POESIA PER ESSERE TRADOTTO DAVANTI A MOLTI.
IL PENSIERO POETICO QUINDI VIVE AL DI LA E AL DI SOPRA DEL PROPRIO AUTORE
E IL SUO AUTORE VIVE AL DI LA E AL DI SOPRA DELLE PROPRIE OPERE, DUE ELEMENTI IN SIMBIOSI.

MASSIMO PESCARA

PREFAZIONE

A volte solo un sogno può raccontare la realtà. Se si pensa a un sogno lo si abbina spesso a qualcosa di evanescente, di astratto e di illusorio. Invece non è così. Un sogno lo si può toccare con mano, la nostra anima può essere graffiata e ferita da un sogno oppure il nostro cuore può essere colmato dalla gioia di un sogno.

Tramite i sogni si può capire meglio la realtà, vedere quello che i nostri occhi spesso purtroppo non riescono a vedere. Osservare non è la stessa cosa. Per arrivare fin dentro l'anima, per giungere al cuore delle cose, bisogna guardare bene, in profondità, perché solo allora si scorge la verità.

I sogni mettono a nudo le nostre aspirazioni, ci denudano dalle paure e dalle fragilità, ci spogliano di quell'abito che vestiamo di giorno e di quella maschera che spesso ci divide dal mondo che ci circonda indifferente.

Parola dopo parola queste poesie sembrano animarsi sotto ai nostri occhi e dare forma a sogni, emozioni, sentimenti, illusioni e amori. Le poesie riescono a raccontarci dei sogni, scatti fotografici che ritraggono l'anima del poeta e catturano l'anima di chi legge, una fusione di sentimenti ed emozioni che si chiama Vita.

Nelle poesie, come nei sogni, c'è la vita. Quella vera che ci fa tremare di fronte ai primi amori, ai primi baci in una sera d'estate al riparo dal temporale in un portone, quella vita vera che ci ridà la speranza per il futuro quando tutto sembra perduto per sempre.

Nel viaggio della vita ognuno, come un prode cavaliere, fa ritorno alla propria dimora dopo un lungo cammino e allora si ritrova la pace e la serenità dopo che per tanto tempo ha infuriato la battaglia.

"Infuriava la battaglia, tra spade sguainate / e teste mozzate, tra odore di pece e di carbone, / le lance in resta coi cavalieri che montava, / lesta la battaglia si defilava. / Si vedevano solo dentro le figure, il luccicar delle armature, / fin tanto che al calar del giorno, / il sole andò e non vi fece più ritorno. / Fu così che all'imbrunire vedemmo il nemico invasore partire. / Vinta era la battaglia, ma il cuor mio, stretto come una tenaglia / nel vedere a terra la migliore gioventù, perita, immolata e sacrificata / a una causa bendata e cieca, una logica bieca, / lasciando il pensiero a un futuro più vero".

E così anche nei momenti più bui, oltre le nubi si può scorgere il cielo, basta alzare gli occhi per ammirarlo. Ma non sempre è facile, perché spesso si è intrappolati nella solitudine, nel dolore e nei rimpianti.

"Alzo gli occhi al cielo / lo sguardo assopito di chi non dorme, / di chi non crede. / Vedo le nuvole rincorrersi, / ora più grandi, ora più piccole, / ora più scure e cariche di pioggia, / ora più chiare e sottili e come il tocco magico del pittore, / come la mano dell'artista che disegna, / a vista del poeta sognatore. / Come da fanciullo in ricordo ormai lontano / mi trastullavo a disegnare con la mano il cielo, / quel cielo nero che la notte ti spaventava, / ma col passare del tempo, / una volta fatto giorno ti sognava".

E pare allora di vedere davanti a noi la mano di quel bambino alzata a puntare il cielo, con le piccole dita come a tracciarne il volto fino a toccarlo e ci piace immaginare che quella piccola mano, richiudendosi a pugno, di cielo ne possa aver catturato almeno un po'.

…......e non smettere mai di sognare

fino a quando avrai un sogno

da rincorrere avrai una vita da

vivere........

**MASSIMO
PESCARA**
(Regalati un sogno)

ESTATE

Ricordi era estate,la nostra estate.
Era una estate quella,ormai lontana,
quando uscimmo soli ,per la prima volta.
E per la prima volta ti presi la mano,
e per la prima volta ti baciai,
e per la prima volta ti dissi ti amo.
 Era estate,la nostra estate,
una sera,la nostra sera.
Diluviava,riparammo in un portone
non curanti del mondo attorno che correva veloce.
E quel bacio al sapore di fragola che il tempo non cancellerà mai
più.
Ricordi era estate ,la nostra estate,
una sera,la nostra sera.

LA VITA

Ora apri gli occhi e vedrai.
Vedrai sorgere il sole al mattino e lo vedrai tramontare.
Vedrai le stelle brillare in cielo nelle notti in cui ti sentirai sola.
Sentirai il rumore della pioggia e il vento soffiare
nelle giornate lunghe e grigie.
Vedrai la neve cadere e avrai freddo.
Conoscerai la solitudine e la gioia di una compagnia.
Conoscerai la felicità di un amore.
Vedrai scorrere il tempo nel lento scandire di un orologio.
Vedrai gli anni passare e vedrai crescere chi ami.
Sentirai tutto questo nella testa e lo vedrai con gli occhi.
Vedrai passare gli altri dall'altra parte della strada,
e quando sarai tu ad attraversare quella strada ti fermerai un
attimo,
ti volterai e guarderai quello che hai lasciato,
e partirai.

IL MONDO IN FUGA

Mi sono svegliato al mattino con ancora negli occhi le immagini
della notte,
Ho visto nascere il sole e il sorgere della luna.
Ho visto montagne innevate e prati ammantati di bianco.
Ho visto colline rigogliose attraversate da fiumi impetuosi.
Ho visto il cielo azzurro e il buio della notte.
Ho visto la desolazione di lande deserte e ho udito il deflagrare
della follia umana.
Ho sentito i pianti delle persone e la disperazione nei volti della
gente.
Ho visto tutto questo ed altro ancora dovrò vedere,
ma non vedrò mai quello che vorrei,
e giorno dopo giorno,mattina dopo mattina,mi sveglierò con la
stessa domanda.
Chi siamo diventati.

IMMAGINI

Guardo dalla finestra di casa,
guardo intensamente per vedere quello che non si vede,
quello che si nasconde ai nostri occhi e alla nostra mente.
Per vederlo lo devi guardare con gli occhi dell'anima e allora
vedo il mio mondo,.
L'anima mi riflette le immagini e vedo il mondo al contrario,
vedo la parte nascosta di me,
come in un sogno che schiarisce i miei pensieri e non mi
piace,mi sveglio.

PIOVE

I primi bagliori del giorno che viene colorano la collina,
l'alba mi sembra diversa.
Piove sulle fronde spoglie,
piove sulle radure brulle.
Ascolta il rumore di questo silenzio.
Piove sulle foglie acerbe
piove sugli arbusti
piove sulle tue guance inerme
piove su di te
piove su di me amore.

DESIDERI

Vorrei essere aria per volare da te
invisibile e impalpabile.
Vorrei essere acqua per dissetarti con il mio amore.
Vorrei essere fuoco per arderti di passione.
Vorrei essere pioggia per spegnere le tue paure.
Vorrei essere vicino a te per asciugare le tue lacrime.
Vorrei essere accanto a te per vederti sorridere.
Vorrei essere con te per vederti felice.
Vorrei esserci quando ti senti sola e triste e vorrei esserci
quando.....
Io sono con te da sempre amore mio ma solo ora mi hai visto
solo ora hai aperto il tuo cuore ,
solo ora ci sono entrato
per non uscirne più.

ARRIVI TU

Quando tutto mi sembra ridicolo
quando tutto mi sembra u ostacolo
arrivi tu.
Quando tutto mi sembra impossibile e quando la vita mi sembra
un miracolo
arrivi tu.
E mi viene da ridere e mi viene da piangere.
Quando la pioggia bagna le palpebre la nebbia avvolge gli alberi
e la neve copre i miei sogni arrivi tu.
Arrivi tu a svegliare i miei attimi,e quando tutto mi sembra
incredibile
arrivi tu.
Arrivi tu a chiamarmi per nome arrivi tu a tenermi la mano
insieme andremo lontano.

IL VOLTO DELL'AMORE

18

Sento nell'aria il profumo di te,
ti vedo nei miei momenti,
ti ascolto nella mia mente,vedo il mondo attorno a me,
quel mondo ha il tuo volto,la tua immagine,
le tue espressioni.
Guarda,ascolta l'odore della pioggia,
odi il canto degli uccelli,osserva le nubi rincorrersi in cielo.
Tutto l'immenso creato mi parla di te e tutto l'immenso sei tu.

UNA VITA CON TE

Sento in me un desiderio di bellezza,
la bellezza dell'anima quando sono felice
la bellezza dell'anima quando sono con te.
Sento in me un desiderio di immenso,
come il profumo dei papaveri dispersi in un campo di grano,
come il suono di violini che riecheggiano nei tuoi sguardi,
gli sguardi di chi non osa parlare
di chi non vuole svegliarsi ,di chi non vuole abbandonare
quel sogno e ci si aggrappa come ci si aggrappa alla vita
una vita con te.

L'AURORA

Scorgo da lontano quell'immensa pianura
e tutto mi sembra diverso,tutto mi sembra
sprecato,tutto mi sembra inutile e scontato.
Tutto quello che gli occhi mi fanno vedere
le orecchie mi fanno sentire e i sensi mi fanno odorare,
tutto quello che vedo è solo l'egoismo di una genesi
pietosa se penso al vuoto che mi circonda, e quando
il sole sorge salutando il nuovo giorno
mi riguarderò ancora intorno e allora,solo allora
vedrò l'aurora .

IL SOGNO DI UN AMORE

Dimmi che non finirà
dimmi che non finirà mai questa nostra storia
che non si scioglierà come neve al sole di primavera.
Dimmi che questo amore è forte,
più forte di te ,più forte di me,
più forte delle tempeste che ci sorprendono,
più forte dei sorrisi che ci attendono.
Dimmi che non finirà, dimmi che mi ami,
e dimmi ancora....
Dimmi ancora che sei mia.

AMORE GIOVANE

Ricordi, sbocciavano le rose,
e noi li soli a dirci tante cose,
a dirci il nostro amore,
a raccontarci per ore e ore le nostre speranze,
le nostre paure,le nostre gioie di ragazzi innamorati.
Ma dove siamo stati,ma dove eravamo quando non ci tenevamo
per mano
quando ti guardavo da lontano
e con lo sguardo ti sussurravo ti amo.
Tu mi guardavi intensamente e
vagava la mia mente, il pensiero mi prendeva,
mi tarlava da mattina a sera e mentre il giorno passava e la sera
calava,
il cuor mio soffriva del giovane amore che mi guardava
e in quell'istante dissi contento,
ti giuro ti amerò ogni momento.

AMORI

Amore immenso,amore eterno,
amore disperato e abbandonato,
amore virtuale,amore banale,
amore trascurato e amore trasandato,
amore vilipeso e amore mai arreso,
amore denunciato e amore canzonato,
amore felice ,amore triste,
amore allegro,amore ferito,
amore sorpreso amore indifeso.
Quanti amori e quali amori,
tutti hanno un sogno e tutti hanno un amore,
Ognuno ha il suo modo di dire
ti amo.

SOLI

Dedicato a chi è solo e a chi soffre,
a chi è vicino e a chi è lontano.
Dedicato a chi non si arrende e a chi arreso si è già.
Dedicato a chi sogna una vita normale,
dedicato a chi lotta e sopravvive in questo mare di problemi.
Dedicato a chi è forte,
dedicato a chi è debole.
Dedicato a me.
Dedicato a te.

AGONIA DI TE

25

Sono qui da solo,aspetto il mio turno,
guardo e riguardo la tua fotografia,
mi tiene compagnia il pensiero di te.
Dio quanto ti amo,mi pesa la tua lontananza,
mi pesa come un macigno sul cuore,vulnerabile,
in balia di questo amore e sto male,
male da non parlare da non sentire,da non vedere.
Solo la forza mi rimane per sussurrarti
ti amo.

SENSAZIONI

Amore è gioia quando ti rivedo,
è tristezza quando riparto,
la felicità di un forte abbraccio,
la solitudine di una assenza,
il vuoto dentro di quando ti vorrei e non ci sei,
è la vita, la tua,che porto dentro l'anima e scalda
le mie giornate.
E' il mistero di te e di me,
è il pensiero di averti,
è il cuore che batte ,
la testa che va.
Sei tu.

UN AMORE FA

Sono qui in terra straniera,irta di insidie e pericoli,
ma non temo sciagure,
il tuo amore mi proteggerà dalle nefandezze del suol nemico.
Sempre pronta la spada a difesa del mio onor.
Dall'alto del bastione scorgo il nemico
incombente sulle patrie mura ed ora,
pronti all'estremo sacrificio,ci lanciammo nella battaglia.
La storia lo esige,l'onore lo impone,
sfidando l'invasore a singolar tenzone,
copriremo di gloria i nostri cuor,
e chi ci attende dall'alto delle mura, non più
mesta paura, ma un brivido d'amor.
Infuriava la battaglia,tra spade sguainate e
teste mozzate,tra odore di pece e di carbone,
le lance in resta coi cavalieri che montava,
lesta la battaglia si defilava.
Si vedevano solo dentro le figure,il luccicar delle
armature, fin tanto che al calar del giorno,
il sole andò e non vi fece più ritorno.
Fu così che all'imbrunire vedemmo il nemico invasore partire.
Vinta era la battaglia, ma il cuor mio, stretto come una tenaglia
nel vedere a terra la migliore gioventù,perita,immolata e
sacrificata
a una causa bendata e cieca,una logica bieca,
lasciando il pensiero a un futuro più vero.
Cavalcando nella notte settembrina,il prode cavaliere
fece ritorno che era ormai mattina e non gli parve vero,
scorgendo da lontano quel maniero che fosse proprio il suo.
Mentre si avvicinava intravide sopra quelle mura una figura che,
a poco a poco si schiariva e dall'alto lo salutava.
Lesto smise l'armatura e, sistemato il suo destriero, si arrampicò

verso quel sentiero
che portava proprio là al suo maniero.
Infine lui arrivato rimase senza fiato,nel vedere in cotanto beato
tutta la bellezza del creato.
Furono baci e furono carezze, e poi i sorrisi adornarono i loro
visi.
Lei felice di vedere l'uomo suo,il cavaliere,che con così ardore si
gettò nella battaglia,vinta,
ma una altra guerra non era ancora finita,era quella della vita.
Fu così che il gran furore cedette il passo all'amore,
e gli fece sussurrare il suo nome solamente,in quella tiepida
mattina,
ti amo Lady Clementina.

QUANDO

Quando ti immagino,
e quando ti penso,
quando ti desidero e quando ti vedo,
quando ti parlo e quando ti ascolto,
quando ti accarezzo.
Quando asciugo le tue lacrime,
quando osservo il tuo viso e vedo la tua anima,
quando sei mia,
quando ti amo il tempo si ferma.
Ed è allora che sono io.

MAI PIU'

Mai più schiave
mai più schiave di un sentimento che ti ha
portato lontano anche solo un momento.
Mai più schiave e abbandonate
mai più seviziate e brutalizzate
mai più portate a essere niente meno di quello la ,
anonimo tra la gente che per sfuggire alle sue debolezze
ti paga per avere finte carezze.
Dopo il niente.

TI HO VISTO SOLA

Ti ho vista alla luce di quel lampione
ti ho vista vendere la tua vita ,la tua giovinezza
ti ho vista ridere per forza e per forza ti ho vista
piangere quando eri disperata
ti ho vista in mezzo a tanti
ti ho vista sola.

LA SOLITUDINE NELLE VENE

32

Sento parlare di me, sento ridere di me ,
sento piangere di me ,
non posso rispondere sono preso come in un sogno
e come in un sogno sento il rumore della vita,
la vita che mi entra dentro nelle vene come linfa,
la vita che scorre nelle mie interiora,
che ripercorre il cammino della mia esistenza,
quella vita che ora mi sorride ,
la solitudine nelle vene
quella vita mi uccide.

LA MIA VITA

Questa è la mia vita
una vita fatta di solitudine
di rimpianti di sofferenza.
Questa è la mia vita
una vita appesa tra sogno e realtà
tra volere e potere
tra essere e avere.
Questa è la mia vita
consumata dal mal di vivere.

IL CIELO

Alzo gli occhi al cielo
lo sguardo assopito di chi non dorme,
di chi non crede.
Vedo le nuvole rincorrersi,
ora più grandi, ora più piccole,
ora più scure e cariche di pioggia,
ora più chiare e sottili e come il tocco magico del pittore,
come la mano dell'artista che disegna,
a vista del poeta sognatore.
Come da fanciullo in ricordo ormai lontano
mi trastullavo a disegnare con la mano il cielo,
quel cielo nero che la notte ti spaventava,
ma col passare del tempo,
una volta fatto giorno ti sognava.

OLTRE LE NUBI

Vedo il mondo allontanarsi
vedo il sole oltre queste nubi ,
queste nubi che ricoprono questo mondo,
che non si arrende,che non vuole fermarsi,
che non vuole sentire le urla di questo silenzio,
che riempie i nostri sogni,
che visti da quassù sembrano veri.

IMMAGINI

Vedo nei volti di queste persone
vedo negli occhi di queste persone
vedo nel cuore di queste persone,
vedo la pienezza della vita
una vita che ha per nome la gioia
una vita che ha gli occhi del cielo,
azzurro, come questo cielo che stiamo solcando,
andando incontro al giorno che verrà.

IL VIAGGIO

Il mio viaggio comincia da lontano,
vuole andare lontano,
fin dove sia possibile arrivare,
fin dove sia possibile capire.
Il mio viaggio è come un sogno,
mille particolari,
mille sensazioni.
Un viaggio tra sogno e realtà,
il pensiero di poter decidere la propria meta,
qualunque sia,
di poter disporre del proprio tempo,
di poterlo ricordare,
quando infine ti sarai svegliato,
la vita sarà finita.

SOLI

Che cosa si priva ad essere soli
che cosa si sente ad essere soli
che cosa si vede ad essere soli
che cosa si ascolta ad essere soli.
Niente solo la voce soffocata
di questo silenzio che ti circonda,
solo la compagnia dei tuoi sogni.

IL RISVEGLIO

Quando ti svegli al mattino e ti alzi,
guardi il tuo giaciglio sudato.
Quando apri gli occhi e bevi il tuo primo caffè,
quando un po' di tosse ti fuma in bocca,
quando ti affacci alla finestra di questa mattina umida,
quando pensi di essere felice,
quando pensi che la vita attorno a te sia un miracolo,
prendi il tuo tempo,
domani cambierai idea.

PENSIERI

Ma a quale amore stai pensando
a quale amore stai sognando.
Un amore reale, un amore virtuale,
un grande amore ,
un amore che ti stia vicino,
un amore bambino,
un amore diverso,
un amore sommerso nel mare
dei tuoi baci e delle tue carezze,
solo quando il mattino si affaccerà
alle tue finestre ,
solo allora ti accorgerai di quello che hai.

DISPERATI

Ti hanno tolto tutto,
il lavoro,la casa,la famiglia.
Ti hanno tolto la speranza,
ti hanno tolto i tuoi sogni,
ti hanno tolto la voglia di vivere,
ti hanno tolto la dignità di essere,
di decidere, di pensare,
ti rimane solo la libertà,
quella non te la potrà togliere nessuno,
la libertà di morire.

QUANDO DICI BASTA

Quando dici basta,
quando non vuoi più farti del male,
quando scegli di essere solo,
il libro della tua vita cambia pagina,
smetti di cercare,di pensare,
poi come tutte le cose belle
sei arrivata tu.
Sei arrivata a cambiare la mia vita,
hai fatto di me un uomo migliore,
il miracolo di amare.

HO TROVATO UN SOGNO

Ho trovato un sogno,
lo avevo dimenticato nel cassetto,
quello dei miei ricordi.
Ho ritrovato un sogno,
era perso nella mia anima.
Ho conservato il mio sogno per molto,
molto tempo,e ora, che sei con me,
che sei dentro di me,mi sveglio
e mi accorgo che il mio sogno è qui,
accanto a me.

UN ADDIO

44

Te ne sei andata senza dirmi una parola,
sei volata via ,come un soffio di vento,
sei partita come qualcuno che non torna,
mi hai lasciato qui con i miei dubbi,
le mie domande senza risposte,
ti sei solo voltata un attimo,
i tuoi occhi hanno sussurrato
mi dispiace,
ti ho vista girare l'angolo della nostra strada,
non ti avrei più rivista.

I TUOI OCCHI

Guardo in fondo ai tuoi occhi,
guardo in fondo alla tua anima,
guardo i nostri giorni correre veloci,
guardo il tempo che scorre ,
scorre al battito del mio cuore.
Non mi basta una vita per amarti,
troppo breve il tempo che mi rimane,
per dirti ti amo.

UN AMORE A QUATTRO ZAMPE

Un amore a quattro zampe,
un amore peloso.
Che cosa sogna quando ti viene vicino,
vicino e dorme,
che cosa pensa quando ti guarda con quegli occhi,
rassicuranti,umani,gli occhi di chi ti ama ,
un amore senza ritorno.
Ed è solo allora che mi domando ,
guardando gli occhi di un cane,
che mi sembrano umani,mentre molti umani
mi guardano con gli occhi da cane.
Un amore a quattro zampe,
un amore di tre chili
un amore per la vita.

QUESTA NOTTE

Ho sognato di te questa notte,
ho sognato di averti tra le braccia,
ho sognato di fare l'amore,
e ho sognato la bellezza di quando il primo sole
bacia la tua fronte e bacia le tue guance,
risveglia i tuoi pensieri.
cerca la mia voglia di te,
fammi ancora vivere.

CHIMERA

48

Sei tu la mia chimera,
lo sei da mattina a sera,
sei il il frutto dell'amore,
nulla cambierà.
Perché l' alba sia più vera,
perché il sole splenda da mattina a sera,
tra il grano e i fiordalisi il tuo sorriso brillerà.
E il chiarore delle stelle,
il colore della pelle,il sentirsi ancora insieme,
amore mio ti voglio bene.
E se questo mio sogno indefinito,
e se queste mie parole,gettate sul fuoco dell'amore
ti faranno un giorno pensare a tutto quello che c'è ancora da fare,
perché il tempo non è finito, e non c'è età per amare.

ROSA BIANCA

49

Ti offro una rosa,
rosa bianca,
la purezza del tuo cuore.
Rosa regina del giardino,
rosa per sentirti più vicino,
per amarti un po' di più.
Rosa,la bellezza del tuo viso,
il miracolo del tuo sorriso.
Ti offro in dono poca cosa,
ti offro una rosa.

PENSIERI PERDUTI

I pensieri sono come i sogni,
li devi fermare subito,
li devi fermare ora o fuggiranno,
fuggiranno per sempre,
non ritorneranno più.
Rimarrà poi il rimpianto rimarrà lo sconforto,
di come sarebbe stato se quel pensiero,
fosse stato bloccato.

SCRIVIMI

Scrivimi di te
scrivimi del tuo tempo.
Dimmi cosa fai, dimmi se pensi
e a cosa pensi,
dimmi delle tue giornate che passano.
Scrivimi,sarà come sentirti qui,
accanto a me.
Sarà come averti vicino,
sarà come sentirti meno sola.

SVEGLIATI AMORE

Svegliati amore mio,
lascia per un attimo i tuoi sogni,
lascia entrare la luce del sole,
lasciati baciare dai suoi raggi.
Vieni,senti le mie mani su di te,
lascia che sia l'alba a dirti che ti amo,
lascia che sia la brezza del mattino a sussurrarti dolci parole,
parole che puoi sognare di sentire,
parole che non penseresti di udire.
Lascia che sia il giorno che si affaccia,
a dirti ancora una volta,
per sempre.

TI HO LASCIATO

Ti ho lasciato un pensiero,
è li ad aspettarti.
Ti ho lasciato una frase per farti compagnia,
ti ho lasciato un piccolo dono,
ti ho lasciato il mio respiro,
ti ho lasciato la mia assenza,
ti ho lasciato il mio cuore,
ti ho lasciato il mio ricordo,
ti ho lasciato un po' di me.
Ti ho lasciato i miei sogni e le mie speranze,
ti ho lasciato il mio amore forte,
come è forte il bisogno di te.

ACCANTO A ME

Ti ho sognata questa notte,
eri lì accanto a me.
Ti ho guardata questa notte,
eri bella,di una bellezza sopita,
dormivi.
Ti ho baciata
ti ho accarezzata
ti ho amata.

CONTO SU DI TE

Conto su di te,
per continuare questo viaggio,
conto su di te,
per continuarlo insieme,
conto su di te,
che le nostre notti siano serene,
che i nostri giorni siano felici,
come quando tu mi dici
non ci lasceremo mai.
Conto su di te per rivivere i miei passi,
per rivivere i miei sogni,
conto su di te per guardare ancora avanti,
conto su di te,
conto su di me.

CENTO PASSI

56

Ho contato cento passi,
li ho contati piano piano.
Li ho contati fino in fondo,
li ho contati ogni giorno.
Li ho contati e ricontati ma non siamo mai arrivati,
non siamo mai arrivati là,
dove volevamo arrivare,
laggiù in fondo tra il mandorlo e la quercia
tra il bosco e il ruscelletto,
come l'altro giorno che ho visto tra le fronde
un uccelletto volare via libero,
ed ho pensato,poveretto,
vola lontano per scappare pure lui,
da un mondo inetto.

IL CREPUSCOLO

Eravamo insieme ieri sera,
eravamo seduti al caldo del camino.
Tu mi guardavi con aria conosciuta,
io ti guardavo.
Ti leggevo delle cose,
ti leggevo il mio cuore,
ti parlavo del mio amore.
E mentre fuori imbruniva ,quel magico istante
di quella sera primitiva.
Avrei voluto essere un gigante per tenerti sulla mia mano,
per guardarti ancora ,piano piano,da vicino,
li al caldo del camino, in quell'angolo di mondo minuscolo
in attesa del crepuscolo.

COME MUSICA

Poesia come musica,
come un soffio di aria fresca,
sento le noti librarsi,
sento i versi armoniosi sprigionarsi piano piano
dal rigore della mente, e mentre escono libere finalmente
 il pianoforte intona tristemente questo spartito,
che si snoda su questi versi pacati di queste parole liberate,
padrone di andare a posare, come farfalle in primavera,
il loro esile corpo fino a sera,
per allietare l'anima di chi sa ascoltare.

UN GIORNO DIVERSO

Mi sono svegliato questa mattina
ho fatto pace con il mondo.
Mi sono alzato,vestito,
il mondo mi appariva diverso,la luce del giorno diversa,
la casa era diversa,
la strada era diversa e i miei sogni erano diversi.
Diversi gli arredi e diverse erano le cose che mi circondavano.
Diversi erano i vestiti ed erano diversi perfino i tuoi occhi,
le tue parole,
troppo flebili per essere udite,
e troppo leggere per essere ascoltate.

NELLA TESTA E NEL CUORE

60

Apro gli occhi di colpo, vedo ancora quelle immagini,
sento ancora le urla,
le urla di chi ha perso tutto.
Odo gli scoppi,conto gli spari ad uno ad uno,
e sento ancora quella vocina ,lontana e piccola, piccolissima
chieder aiuto,ma soccorso non ha.
Quello che ho visto l'ho forse sognato,
ma tutto quel fragore e tutto quel dolore mi rimarranno sempre
nella testa e nel cuore.

VITE RUBATE

Ho fatto un sogno,
ho disturbato un sogno per me.
Ho visto vecchi bambini,
non giocavano ai soldati,
erano soldati.
Li ho visti con quell'espressione vissuta e stanca.
Li ho visti urlare con un mitra in mano,
li ho visti saltare su una mina anti-uomo,
ho visto dei bambini strappati all'infanzia

arrampicarsi sulle cave di ghiaia,
li ho visti portare sacchi più grandi di loro
ho visto la loro vita rubata,li ho visti e basta.
Non li ho mai visti piangere e non li ho mai visti gemere
o lamentarsi .
Li ho visti e li ho sentiti come si sente un dolore,
come si ascolta un dolore,
ma gli occhi di quei vecchi bambini nati appena ieri
e già vecchi nei pensieri.

I SOGNI DELL'ANIMA

I sogni sono realtà inconsapevoli,
arrivano dall'anima
ti scaldano il cuore,
scacciano le paure.
I sogni sono come li vedi tu,
nelle serate limpide quando le stelle ti stanno a guardare,
oppure nelle notti di temporali,
quando ogni lampo è un sobbalzare
e ogni tuono un sussulto.
I sogni sono come sei tu con le tue debolezze e le tue virtù.
I sogni sono come i fiori,odorano di buono,
sono come una dolce melodia,
una tenera poesia,
un pezzo di vita,
alcune volte poco gradita.

BUONGIORNO

63

Il buongiorno è come un caldo abbraccio,
che dissolve le ombre della notte,
e quando i tuoi sogni svaniscono,
è il sole del mattino che filtrando piano
attraverso i tuoi occhi,
ti porterà la gioia di un nuovo giorno.

LE STORIE DI IERI

Mi ritornano in mente storie di ieri,
quando bambini per tenerci vicini,
quelle figure vestite di nero ci terrorizzavano con il pensiero.
Storie tremende sentivamo, e mentre ci si teneva la mano,
quelle nere figure seminavano paure.
Tutto per farci stare fermi ,inermi,
ad ascoltare senza fiatare,
col fiato sospeso e gli occhi allargati
l'epilogo di una storia inventata e mai vera,
la storia dell'uomo dalla mano nera.

AMORE SEMPLICE

Ti amo amore mio,
sei la luce dei miei occhi,
il mio raggio di sole al mattino,
la fresca brezza delle mie tristi e lunghe
giornate senza te,
la calda luna della sera che rischiara
il tuo viso gentile,
sei il mio mondo e ti amo così
semplicemente.

BELLA

Bella,
come la luce della luna alla finestra,
come il sole del mattino che si alza,
come la primavera quando avanza,
come un dipinto raro,
come uno spartito musicale,
una poesia per Natale.
Bella, di una bellezza armoniosa,
di una purezza evanescente,
sei così nella mia mente.
Gli occhi miei si cibano dei tuoi,
mo perdo nel mare del tuo sguardo,
non posso che soccombere.

IL RITORNO

Sono le sei della sera,il sole tramonta,
si apre la porta sei tu.
Quanto sei bella con quel vestito accollato,
il trucco un po' andato.
Mi guardi stupita,non pensavi ma ero là.
Il viso risplende sorpresa,si accende
come una fiamma che brucia di felicità.
Non mi fermo per molto,la partenza è imminente
ma nel godere di quel presente,
il futuro arriverà.
E quando riparto,ti guardo e ti bacio,
scorgo una lacrima ,la raccolgo nel cuore,
bere potrà.

MERAVIGLIOSA

L'amore è così, una bella cosa, meravigliosa.
Nasce dalle emozioni,si nutre di sentimenti,
vive di piccoli momenti,
attimi,parcelle ti tempo.
L'amore è così, una bella cosa,
meravigliosa.

LE LACRIME

Mi fanno male le tue lacrime,
mi fanno male nel vederle quando parto.
Sono come gocce di rugiada che scendono sulle foglie
di questi alberi,
di questa mattina umida, mattina di partenza.
Mi fanno male le tue lacrime,
mi fanno male nel cuore,
mi fanno male nella mente.
Sono come rivoli di gocce d'amore che rotolano giù
nella valle,
questa valle che non si è ancora svegliata,
che dorme sopita.
Sono ancora qua,mi fermo un attimo a guardarle ancora
quelle lacrime,
le tocco,le respiro,
mi fanno male le tue lacrime,più delle mie.

VIENI CON ME

Vieni con me
ti porterò dove hai sempre sognato di andare,
dammi la mano e inizieremo un viaggio incantato.
Terre sconosciute da vivere insieme.
Partiremo per luoghi incantati per terre e per mari
e per sogni fantastici,vieni con me.
Ti porterò là dove tutto è possibile anche sognare
di te e di me ,di noi e vivere un sogno impagabile.
Vieni con me,la tua vita ,la mia vita
come un romanzo che parla di noi.

UN SOGNO

Mi sei apparsa cosi,come in un sogno,
ti ho vista così,come ti avevo immaginata,
come ti avevo pensata.
Mi sei apparsa così,nella mia mente,come in un sogno
e ci sei rimasta.

PENSIERO

La sera cala su di noi,i nostri pensieri vagano e poi....
la notte ci attende ,ci guarda e ci sorprende,
ci interroga, ci fa pensare e mentre il sonno dolcemente arriva,
la mente rilassata rendiconta la giornata,
un pensiero mi prende,
non voglio sprecare più niente.

UN ALTRO GIORNO

Un altro giorno senza te
un altro giorno su questa strada
un altro giorno passato ad immaginarti.
Un altro giorno senza te al mio risveglio,
un altro giorno che passa
altri ne passeranno ancora,
prima di rivedere i tuoi occhi,
prima di dirti ancora
buongiorno amore.

QUANTE VOLTE

Quante volte ti ho pensato
quante volte ti ho immaginato
quante volte ho cercato il tuo sguardo
in mezzo a mille sguardi.
Quante volte ho disegnato il tuo volto nei miei gesti,
e quante volte ti ho sognato
e quante volte ti ho amato,
prima di conoscerti.
Ora lo so,
sei tu l'altra parte del cuore, quella migliore.

HO FATTO UN SOGNO

Ho fatto un sogno,colorato di lilla e turchese.
Ho fatto un sogno,era profumato di lavanda e cannella.
Ho fatto un sogno,dolci melodie come un caldo abbraccio.
Ho visto un sogno,tenere carezze.
Ho vissuto un sogno,enorme e immenso come un soffio di
vento,
come parole sussurrate.
Ho sognato un sogno,il regalo più bello della notte che,
piano piano,in punta di piedi,
lascia il posto al giorno,
portandosi via il mio sogno.

IL MISTERO DEL CUORE

Come faccio a spiegarti quanto ti amo,
sarebbe come cercare di spiegare quanto siano alte le montagne,
quanto siano profondi gli oceani,
quanto siano lunghi i fiumi.
Come faccio a spiegarti quanto sei importante,
sarebbe come cercare di capire il perché del sole e della luna,
il perché delle maree o il perché dell'universo.
Come faccio a spiegarti quanto ti amo,sarebbe come spiegare
l'immenso,
sarebbe come spiegare i miracoli.
Sarebbe come spiegare quello che non si riesce a dire,
quello che non riesci a immaginare.
Una cosa grande come è grande il buio della notte,
quando allora,solo allora, ti dirò semplicemente
ti amo.

GLI ANNI MIEI

Erano gli anni,quelli prima,sì proprio quelli.
Erano gli anni quelli,sì quelli prima del digitale,
quando i conti li facevi a mano,
quando le foto le facevi tu.
Quando due più due faceva quattro,
quando la televisione faceva le righe,
quando la benzina costava poco,
quando a scuola si insegnava ancora qualcosa,
quando il cellulare serviva a portare i detenuti,
quando il telefono andava a gettoni,
quando per scaldarti accendevi la stufa,
quando il PC era il partito comunista,
quando sognavi un futuro migliore,
quando i bambini facevano domande,
quando si credeva a Nostradamus,
quando eri felice e non lo sapevi,
quando eravamo liberi dentro.
Quando eravamo giovani.
Quelli erano gli anni,i miei.

MI E' MANCATO IL CORAGGIO

Mi è mancato il coraggio
mi sono mancate le forze,
mi è mancata la voglia di dire no.
Dire no a chi ho detto sempre di si,
un giorno per rispetto
e un giorno per dovere,
poi un giorno per orgoglio,
e poi un giorno per compiacere.
Ed è così che giorno dopo giorno,
anno dopo anno,
ho vissuto la vita,quella degli altri,
la mia deve ancora iniziare.
Tornare indietro non è possibile,
se lo fosse lo griderei al vento che non sono contento,
che non sono felice e che sto male,
per questo amore genitoriale,
che altro non fa che soffocare la voglia di vita,
la mia.
Ma siamo giunti alla fine,
altro non resta che continuare a soffrire,
in quell'angolo di mondo,
per non sentirsi più dire cose che non vorresti sentire
e che quando sarai sfinito ,farai anche finta di non aver udito,
farai di tutto per non sentirti soffocare,
da questo grande sconfinato e immenso
amore genitoriale.

DA BAMBINO

Da bambino sognavo una vita avventurosa,
i pirati dei Caraibi,i pistoleri del Far West.
Gli indiani coraggiosi.
Sognavo la vita sei pionieri,
sognavo e basta.
Da ragazzo sognavo di diventare qualcuno,
l'orgoglio di molti.
Da giovane sognavo l'indipendenza e l'intraprendenza,
sognavo la carriera e il benessere.
Ho sognato poi di essere padre,marito e di avere una famiglia.
Ora che il tempo è passato,
e il futuro mi scivola tra le dita,
sogno ancora e forse non smetterò mai.

PAROLE AL VENTO

Lascio a te che mi leggi i miei ricordi,
che possano insegnarti qualcosa.
Lascio a te che mi ascolti i miei sentimenti,
che possano emozionarti.
Lascio a te che mi vedi la mia vita,
e il mio amore,
che possano rischiarare i tuoi dubbi.
Lascio ate che mi guardi queste parole,
che possano farti riflettere.
Lascio queste parole al vento

ME NE ANDRO'

Un giorno me ne andrò,
me ne andrò così,
in una giornata di pioggia,o di sole,
non ha alcuna importanza.
Me ne andrò un giorno,
quel giorno che tu non avrai più bisogno di me,
quel giorno che sarai finalmente tu.
Me ne andrò da solo,in silenzio,
senza disturbare,quasi a scusarmi.
Saluterò la vita,questa vita ,
che mi ha regalato solo obblighi e impegni,
troppo brevi e isolati gli attimi felici.
Questa vita di sofferenza,dolente,
questa vita difficile.
Me ne andrò un giorno,
senza chiedere permessi o pareri,
senza chiedere nulla,
me ne andrò e basta e tu non potrai farci nulla.

SOLO PAROLE

Sono solo parole,
dette,pensate in un momento che mi sentivo solo,
in cui avrei voluto e non potevo,
in cui avevo paura,paura di pensare.
Sono solo parole,parole che non penso
e che vagano libere,senza controllo,
sono solo parole al vento.

REGALATI UN SOGNO

Regalati un sogno,
un sogno da portare con te.
Regalati un sogno che condivida la tua vita,
un sogno che sia tuo,
un sogno che ti tenga compagnia tutte le volte
che ti sentirai solo,
tutte le volte che ti faranno sentire solo,
solo in mezzo a tanti.
Regalati un sogno,uno sguardo avanti,
uno sguardo al cielo,
uno sguardo al mare in un tramonto estivo.
Non smettere mai di sognare,
fino a quando avrai un sogno da rincorrere,
avrai una vita da vivere.

Indice generale

Desidero ringraziare Clementina che ha sempre creduto in me e mi ha stimolato e incoraggiato lungo tutto il mio percorso.
Un ringraziamento particolare va alla Amica e Poetessa Gabriella Mercuri sempre prodiga di buoni consigli alla quale vanno i miei sentiti ringraziamenti.
A tutte le persone che continueranno a credere in me.

Massimo Pescara

Finito di stampare nel mese di Settembre 2015
per conto di Youcanprint *Self-Publishing*